Es NAVIDAD

TODO SOBRE SANTA

KRISTEN RAJCZAK NELSON
TRADUCIDO POR ESTHER SARFATTI

PowerKiDS press

NEW YORK

Published in 2020 by The Rosen Publishing Group, Inc.
29 East 21st Street, New York, NY 10010

First Edition

Translator: Esther Sarfatti
Editor, Spanish: Ana María García
Book Design: Reann Nye

Photo Credits: Cover, p. 5 Kiselev Andrey Valerevich/Shutterstock.com; p. 7 Zvonimir Atletic/Shutterstock.com; p. 9 Hulton Archive/Getty Images; pp. 11, 15 Victorian Traditions/Shutterstock.com; p. 12 Everett Historical/Shutterstock.com; p. 13 wongstock/Shutterstock.com; p. 17 Bettmann/Getty Images; p. 19 Library of Congress/Corbis Historical/Getty Images; p. 21 JStone/Shutterstock.com; p. 22 LightField Studios/Shutterstock.com.

Library of Congress Cataloging-in-Publication Data

Names: Rajczak Nelson, Kristen, author.
Title: Todo sobre Santa / Kristen Rajczak Nelson.
Description: New York : PowerKids Press [2020] | Series: Es Navidad | Includes index.
Identifiers: LCCN 2018046599| ISBN 9781725305342 (pbk.) | ISBN 9781725305366 (library bound) | ISBN 9781725305359 (6 pack)
Subjects: LCSH: Santa Claus—Juvenile literature. | Christmas—Juvenile literature.
Classification: LCC GT4992 .N45 2020 | DDC 394.2663—dc23
LC record available at https://lccn.loc.gov/2018046599

CPSIA Compliance Information: Batch #CSPK19. For Further Information contact Rosen Publishing, New York, New York at 1-800-237-9932.

CONTENIDO

SANTA HOY EN DÍA

Santa es el **símbolo** más importante de la Navidad en Estados Unidos. Aparece en muchas películas y gran parte de las canciones navideñas hablan de él. Pero las historias que se cuentan hoy acerca de Santa vienen de hace mucho tiempo. Comenzaron con un **obispo** griego y se mezclaron con ideas de diferentes **culturas** alrededor del mundo.

SAN NICOLÁS

San Nicolás de Mira, como se le conoce en oriente, o San Nicolás de Bari, como se le llama en occidente, vivió durante los **siglos** III y IV. Fue un obispo cristiano en la Turquía de aquella época que ayudó mucho a los pobres. Hay una historia que cuenta que una vez dio tres sacos de oro a un hombre para que su hija pudiera casarse y no tuviera que trabajar.

Después de la muerte de San Nicolás, la gente comenzó a **celebrar** su vida el día 6 de diciembre. Por toda Europa, los niños recibían regalos en esta fecha. Sin embargo, a partir del año 1500, mucha gente dejó de celebrar este día. Pero en Holanda, un personaje llamado Sinterklaas siguió dejando regalos para los niños la noche anterior al día de San Nicolás.

AL OTRO LADO DEL OCÉANO

Los europeos que se asentaron en Norteamérica llevaron consigo sus costumbres y celebraciones. Los colonos holandeses llevaron la **tradición** de *Sinterklaas*. Los colonos alemanes continuaron con su **costumbre** de *Christkindle*, un personaje que visitaba a los niños en Nochebuena. Con el tiempo, las tradiciones se mezclaron. *Sinterklaas* se convirtió en Santa Claus para los que vivían en el naciente Estados Unidos.

HISTORIAS CON ARTE

Al comienzo del siglo XIX, la historia de Santa que conocemos hoy estaba tomando forma. Algunas ideas salieron de un cuento del famoso escritor Washington Irving. En el libro *Historia de Nueva York contada por Knickerbocker*, se describe a San Nicolás volando en un carro y llevando regalos a los niños buenos.

Aunque no usaba el nombre de *Santa Claus,* un poema escrito en la década de 1820 **aportó** bastante a la historia que conocemos hoy. En *Una visita de San Nicolás,* Clement C. Moore describe la naturaleza bondadosa de Santa, su barba blanca, su trineo y sus renos. ¡También aparece Santa llevando regalos y bajando y subiendo por las chimeneas!

El dibujante Thomas Nast comenzó a dibujar a Santa para revistas en la década de 1860. En sus dibujos salía un hombre del tamaño de un duende que parecía un abuelo. A lo largo de los muchos años que dibujó a Santa, Nast también añadió un traje rojo y un taller en el Polo Norte a su historia. Sus **ilustraciones** dieron forma a la imagen que los estadounidenses tenían de Santa en ese momento.

EL HOMBRE DE LOS ANUNCIOS

La apariencia que tiene Santa hoy probablemente tiene sus orígenes en los **anuncios** de la bebida Coca-Cola. El ilustrador Haddon Sundblom comenzó a dibujarlos en la década de 1930. En ellos, Santa es un hombre de tamaño normal con barba blanca y un traje rojo que lee las cartas de los niños, les lleva juguetes y bebe el refresco.

SERVE
Coca-Cola
REFRESHING
SURPRISE
Stock up for the Holidays

LLEGÓ A LA CIUDAD

Hoy en día, las películas y los libros navideños acerca de Santa se basan en las tradiciones que comenzaron con San Nicolás hace más de 1,500 años. La mayoría tiene lugar en el Polo Norte, donde vive Santa. Algunos sugieren que Santa ha vivido durante cientos de años. ¡Otros incluyen a su esposa, la señora Claus!

Se llame Sinterklaas, Papá Noel, Kris Kringle o San Nicolás, Santa es el símbolo de la magia y la alegría de las Navidades. Nos recuerda lo divertido que es dar regalos a los que queremos y a los necesitados. ¡Creer en Santa hace que las Navidades sean aún más especiales!

GLOSARIO

anuncio: algo que se muestra al público para ayudar a vender un producto.

aportar: añadir o dar.

celebrar: hacer algo especial durante un día o evento particular.

costumbre: una acción o forma de comportarse que es común entre la gente de cierto grupo o lugar.

cultura: las creencias y formas de vida de un grupo de personas.

ilustración: dibujo que aparece en una revista o libro.

obispo: alguien que dirige a los miembros de una iglesia en un lugar determinado.

siglo: un periodo de 100 años.

símbolo: algo que representa otra cosa.

tradición: una forma de pensar o de hacer algo entre un grupo de gente.

ÍNDICE

SITIOS DE INTERNET

Debido a que los enlaces de Internet cambian constantemente, PowerKids Press ha creado una lista de sitios de Internet relacionados con el tema de este libro. Este sitio se actualiza con regularidad. Por favor, utiliza este enlace para acceder a la lista: www.powerkidslinks.com/IC/santa